# 玄米食

## 完全マニュアル

境野米子
*Sakaino Komeko*

創森社

# 玄米を楽しく食べるために～序に代えて～

私が玄米を初めて食べたのは、もう30年以上も前のことです。

「なんておいしいの。えっ、体にもいいの。すごいじゃない」

と思ったので、さっそく圧力鍋を買って玄米ごはんを炊きはじめました。ところが、夫は食べたくないと言うのです。

「どうして？　これがおいしくないなんて信じられない！」

当時、新婚であった私が、好みが合わない夫との前途を悲観したのはいうまでもありません。離婚にまでいたらなかったのは、

「何よ、玄米が嫌なら、よそでごはんを食べてきて」

と強気で言ったときは、夫が折れて黙って食べてくれ、

「あっ、あーあ、がまんして食べている。かわいそうに」

とこちらも弱気になって、白米や五分つき米のごはんに妥協したときも数多くあったからでしょうか。

子供にはもっと苦労をさせられました。長男は身体が弱かったので、ぜひとも玄米を食べてもらいたいのに、玄米だと食べないのです。それでいて私の実家へ行ったときなど、白米のごはんが出されると、

「白いごはんだあー」
と、大喜びで何杯もお代わりして、
「食べるものがなかった昔の子のようだねえ、かわいそうに」
などと母に言われ、深く傷つきました。

＊

そんな体験から、玄米をだれにでもおいしく食べてもらうにはどうしたらいいのだろうかと、ずっと考え続けてきました。
夫にも子供にも強制して食べさせるのはやめよう。自分が食べたいから玄米を食べればいいのだと気がついたときから、肩の力が抜けました。以来、自分のために、自分がおいしく食べたいから玄米を炊いて食べています。玄米をおいしく食べたい一心で知恵をしぼり、玄米食のレパートリーも増えました。「食べたい人が食べればいい」と育てた娘たちは、玄米食が大好きです。

＊

食べることは、楽しい。食べることはうれしい。本書では玄米ごはんやおかゆ、スープ、軽食やおやつなど、好評レシピを厳選してご紹介しています。玄米をおいしく楽しく、長く食べ続けていくために、この本がお役に立ちますようにと祈っています。

２００３年５月

境野米子

# 玄米食 完全マニュアル◉もくじ

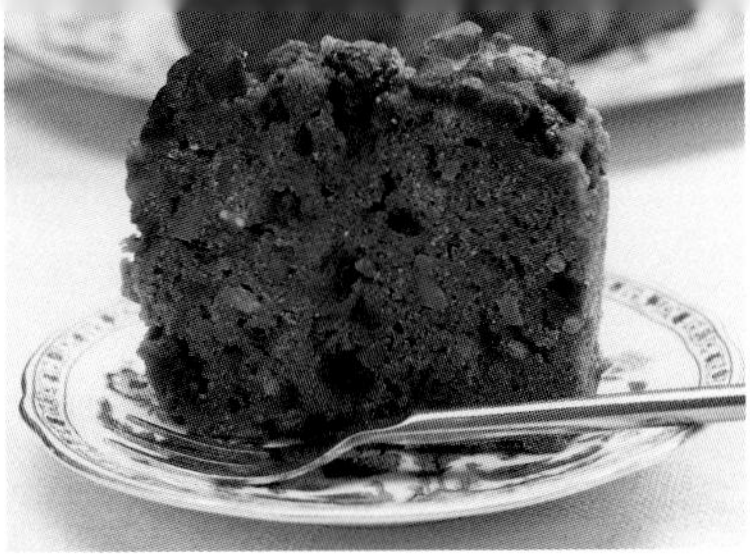

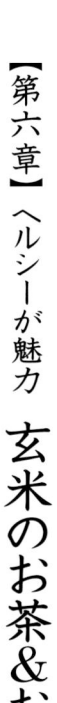

# さあ、玄米食を始めましょう

## 玄米で、すっきりきれいになる

古代から、籾《もみ》をとった米粒を杵《きね》でついた玄米が、蒸すなどの簡単な炊き方で食べられてきました。玄米は精白していない米で、ぬかと胚芽を含み、栄養たっぷり。食物繊維、ビタミンB群、ミネラルなどは白米の倍以上もあります。便秘を解消し、老廃物を排出して新陳代謝を高める効果があります。

## 玄米は「よく噛んで食べる」が基本

玄米の食べ方の基本は、とにかくよく噛んで食べることです。とりわけ、デンプンを消化する酵素のα-アミラーゼは唾液に含まれているので、唾液とよく混ぜるためにも、噛むことがとても大切なのです。炊き方にもよりますが、一口50～60回は、噛むつもりで味わいたいものです。

忙しいときや身体が疲れて消化吸収する力や噛む力が落ちていると感じたときなどは、玄米のおかゆやスープなどがおすすめです。

## 主役の玄米があれば満たされる

玄米食は、主役の玄米があれば、栄養面でも味覚の面でも満たされるのが魅力です。玄米ごはんに、梅干しや佃煮、塩昆布、炒りゴマ、漬け物など、ちょっとしたものを添えれば、おかずがあれこれなくても十分おいしく食べられます。

# 玄米いろいろグラフィティー

## 玄米

米は平安時代以降に精白が始まったとされていますが、それは一部の貴族階級だけのこと。一般の人たちに白米が普及したのは戦後のことでした。つまり、昔から、みんなが玄米を食べていたのです。

## 発芽玄米

玄米は水につければ発芽する、生命のある米です。私は自宅キッチンで約20℃の水（平らな容器を利用）に3日間敷き詰めて発芽させ、炊飯器で炊きます。発芽のエネルギー（栄養）を食べることで、知力も体力もパワーアップします。

## もち米の玄米

もちにする米で、一晩水につけ、蒸してつきます。玄米のもち米は、ほんの少し、2～3分精白すれば、もちつき器でつくことができます。クリームがかった色合いで、深い味わいです。

## 玄米粉(10秒びき)

玄米をひいて粉にすると、消化しやすく食べやすくなります。電動ミルなどで10秒ひいて粉にした玄米は、ツブツブ感が残り、噛みごたえがあって、おかゆに最適です。噛む力が弱ってる人や子供にもおすすめです。

## 玄米粉(20秒びき)

玄米を電動ミルなどで20秒ひいたもので、10秒のものより細かく、さらに消化しやすくなります。体が弱っているとき、消化能力が落ちていてゲップがたくさん出たり、お腹がはったりしたときには、細かくひいて、おかゆに。薬以上の効果があります。

## 玄米粉(1分間びき)

玄米を電動ミルなどで1分間ひいた粉末でつくるクリーム状のおかゆ（おもゆ）やスープは体にやさしく、栄養がすみずみまでしみわたります。だんごやクッキー、ケーキ、すいとん、お好み焼きなど、軽食やお菓子づくりが自在に。粉末をこのままスプーンですくって食べる生菜食療法は、宿便を出す、肥満、生活習慣病を防ぐなどの体質改善効果があります。

## 黒米

古代米として各地で栽培されるようになってきました。炊くと華やかな美しい紫色になります。黒米を加えた玄米もちは、味わいも色合いも絶品です。

## 赤米

小豆を入れた赤飯は、昔、特別な日に赤米を食べていた名残と言われています。奈良時代には大唐米といって、さかんに栽培されていました。

## 炒り玄米(茶色)

玄米を香ばしく炒ってつくります。ポリポリかじるとやみつきになるおいしさ。腹持ちがよく、いつでもどこでも食べられて保存もきくので、昔から携帯食として利用されてきました。ごはんに、お茶に料理にと、幅広く利用できます。

## 炒り玄米(黒)

玄米を中火から弱火で、じっくり黒くなるまで炒ってつくります。昔から薬として珍重されてきました。粉にひいた玄米コーヒーは、カフェインゼロ。子供から高齢者、病人もおいしく飲めます。

精白していない小麦をひいた全粒粉や、ソバやトウモロコシなどの実をひいた粉、精白していない雑穀なども、すべて「玄米」同様、穀物の栄養を丸ごと味わいます。

タカキビ

全粒粉

モチアワ

トウモロコシ粉

ハトムギ

ソバ粉

# 【第一章】ふっくらおいしい玄米ごはん

## ◇知っておきたいこと　5つのポイント

### その1　玄米は圧力鍋のほか、厚手鍋、土鍋、炊飯器でも炊けます

沸騰までの時間が長いほうがおいしく炊けますから、どの炊き方も、はじめは中火で熱し、沸騰したら弱火にするのが基本で超簡単です（詳しい炊き方はｐ16〜）。

どの炊き方にするかは、持っている鍋釜や炊き上がりの好みで、自分に合う炊き方を見つけてください。また、同じ炊き方でも、水分の量を多めにすれば、やわらかい炊き上がりになります。

### その2　玄米はざっと洗う程度で十分です

「玄米はどのくらい洗うのですか」という質問をよく受けます。最近市販されている玄米は、もみ殻などが混じっていることもほとんどなく、洗う必要がないくらいきれいです。

私は電動ミルなどで粉にして使う場合も、洗わないで使っています。気になるようでしたら、洗ってよく水けをふいてから、粉にしてください。炊くときは米をとぐようにもみ洗いしていますが、ざっと一〜二度洗い流せば十分です。

「農薬が心配だから洗う」という方もいらっしゃるでしょうが、農薬は、玄米を洗うことで落ちるというものでもありません。できれば有機無農薬米を入手するのがもっとも安全で、それにこしたことはありません。

### その3　水にひたすことで、やわらかく粘り気のあるごはんに

玄米は、水にひたしておかなくても、そのまま水を入れてすぐに炊くことができます。ただし、やわらかさや粘り気が欲しいときなどは、水に2時間〜一晩ひたしておいたほうがおいしく炊けます。

また、その分短時間で炊くことができます。時間がないときでも1時間以上はひたすようにするとよいでしょう。

**その4　炊くときに塩を入れるよりも、ゴマ塩などをふりかけるのがおすすめ**

玄米は塩をほんの少々加えるだけで、とてもおいしくなります。塩の量は体調や好みにもよりますので、最初は、おいしいと思える味に塩味を調節してください。炊くときに塩を入れるよりも、ゴマ塩などをつくり、食べるときに玄米ごはんにふりかけると調節しやすくおすすめです。玄米にはゴマ塩がとてもよく合います。

**その5　多めに炊いて冷蔵・冷凍が長く続けるコツです**

玄米ごはんはいっぺんにたくさん炊いて、冷蔵・冷凍しておくのが便利です(方法はｐ91)。1人だけで玄米を食べる人や忙しいときなどは、なおさらです。

# 手持ちの鍋釜で 玄米をおいしく炊きます

## 土鍋で炊く

1人分だけ炊きたいときや、玄米おかゆをつくりたいときなど、とくに土鍋が適しています。圧力鍋で炊いたのと比較すると、粘り気が少なめですが、「えっ、これ土鍋で？」と驚かれるほど十分においしく炊けます。水の分量は米の1.5〜1.7倍。

**◆材料・4人分**
玄米……2カップ
水……3カップ強（米の1.5〜1.7倍）

## 圧力鍋で炊く

ねっとり粘り気があって、これぞ玄米ごはんという炊き上がり。だれが食べてもおいしい玄米ごはんの基本的な炊き方です。水の分量は米の1.2倍を目安に。

**◆材料・4人分**
玄米……2カップ
水……2½カップ（米の1.2倍）
＊やわらかめがよい場合は米の1.5倍の3カップにするとよい
塩・黒ゴマ……各少々

**●つくり方**（圧力鍋で炊く）

①玄米は洗い（ぬかはついていないので、さっとゆすぐ程度でよい）、分量の水を入れて1時間以上おく。やわらかめや、ねっとりしたごはんが好きな人は、一晩水にひたす。

②圧力鍋のふたをして火にかける。はじめは強めの中火、シュンシュンとノズルが音をたてて動きはじめたら弱火にして15〜25分加熱する。蒸気がたくさん出る場合は火が強すぎなので調節をする。

③火を止めてコンロからおろし、自然にふたがあくまで15分ほど蒸らす。ふたをあけ、しゃもじで返すように混ぜる。好みで、すった黒ゴマと炒った塩を混ぜたゴマ塩をかけて食べる。

**●つくり方**（土鍋で炊く）

①土鍋に玄米を入れて洗い、水加減をして1時間以上おく。

②ふたをして火にかける。はじめは中火にし、沸騰したら少し火を弱めてふきこぼれないように様子をみながら弱火にする。ふたの穴に栓をして、40〜50分炊く。最後に30秒強火にして水分をとばし、コンロからおろして10〜15分蒸らす。

③しゃもじで返すように混ぜる。好みでゴマ塩をふって食べる。

## 電気炊飯器で炊く

最近では玄米が炊ける炊飯器が多数発売されていますから、利用されるのもよいでしょう。手軽に炊けるのが魅力です。水加減などは製品の内釜にある目盛りなどを参照して利用を。

## 厚手鍋で炊く

厚手の鍋やステンレスの多重構造鍋で炊きます。粘り気はあまりなく、ややかための炊き上がりに。玄米炊き込みごはんやすし飯、リゾットなどは、かえって粘り気がないほうがおいしくできます。もちろん玄米ごはんとして食べても、十分美味。水の分量は米の1.5～2倍。

**◆材料・4人分**
玄米……2カップ
水……3カップ（米の1.5～2倍）

**◉つくり方**（厚手鍋で炊く）

①厚手鍋に玄米を入れて洗い、水を加えて1時間以上おく。

②ふたをして火にかけ、中火で炊く。沸騰したら弱火にし、約40分間炊く。火を止め、そのまま10分ほど蒸らす。しゃもじで全体をかき混ぜ、布巾をかけて湯気をとる。

③器に盛り、好みでゴマ塩をふって食べる。

### 米子のひとくちアドバイス

◎玄米ごはんは炊いて蒸らしたら、すぐにかき混ぜて余分な水分をとばします。冷めても水っぽくならずに、おいしく食べられますよ。これは、どの炊き方でも共通です。

◎ゴマ塩はつくりおきしておくと便利です。指でつまんで皮がつぶれる程度に炒った黒ゴマと、ざっと炒った塩を合わせてすり鉢で力を入れずにすると、おいしいゴマ塩ができます。

**◆材料**
塩……10g
黒ゴマ……100g

**◉つくり方**

①塩をフライパンでさらりと炒り、よくする。

②ゴマを火にかけ、よくかき混ぜて炒る。1つ2つプチプチとはねてきたら火を止め、①の塩と混ぜて、さらにする。

### 小さく握って、よく噛んで

# 玄米いろいろおにぎり

体が欲しがっている栄養が、ギッシリと詰まった玄米ごはんのおにぎりです。
具を中に入れたり、ごはんに混ぜたり、
ノリやシソを外に巻いたりと楽しみ方もいろいろ。
ちょっとずつ味わいたい食いしん坊は、ごはんを小さく握ります。

**軍艦むすび**
**（梅干し、おかか、昆布の佃煮）**
黄色のツブツブ感がアクセントの玄米おにぎりに具をのせて、目でも楽しむ

◆材料
玄米ごはん（炊き方p14～）
……適宜
＊具などは、それぞれのおにぎりに応じて用意を

玄米おにぎりは冷めてもかたくならず、お弁当や軽食に最適

### ◉つくり方

**軍艦むすび**
玄米ごはんを平らに握って外側にぐるりとノリを巻き、おかかや梅干し、昆布の佃煮などをのせる。

**焼きおにぎり**
玄米ごはんでおにぎりをつくって両面を焼き、しょうゆを塗って、またさらに少し焼く。

**おぼろ昆布巻き、シソ&ノリ巻き**
玄米ごはんでおにぎりをつくり、シソの葉やノリ、おぼろ昆布で包む。好みで梅干しなどの具を入れるとよい。

**チリメン山椒入り、ゆかり入り**
玄米ごはんにチリメン山椒やゆかりを混ぜて握る。

### ◉チリメン山椒のつくり方

チリメンジャコ50gは湯にくぐらせ、みりん50cc、薄口しょうゆ大さじ2を加えて煮る。やわらかくなって煮詰まってきたら、みじんに刻んだ山椒の葉適宜を混ぜて火を止める。

**米子のひとくちアドバイス**

◎玄米1カップのごはんは、約4～8個のおにぎりに。よく噛んで食べるためにも、小さめサイズに握るのがおすすめです。
◎一口を100回以上噛んで食べるようにすると、よく消化吸収されます。せめて50～60回以上は噛むようにしてください。

焼きおにぎり
シソ&ノリ巻き
おぼろ昆布巻き
ゆかり入り
チリメン山椒入り

ふんわりやわらか食べやすい

# 玄米ジャコチャーハン

刻んだ野菜とチリメンジャコが入って、彩りも旨みも抜群。
玄米が、よりいっそうおいしく食べられるチャーハンです。
炒めるほどに玄米ごはんはふわりとやわらかく、まるで白米のよう。
玄米と気づいてもらえないこともたびたびの、食べやすさ二重丸のレシピです。

具は食べやすいみじん切りに。ニンジンに火が通ったら、玄米ごはんを加えて炒める

**◆材料・4人分**

玄米ごはん……茶碗4杯
チリメンジャコ……大さじ2
ニンジン……½本
タマネギ……1個
ピーマン……2個
ニンニク・根ショウガ……各少々
塩・コショウ……各少々
ナタネ油……大さじ1

**◉つくり方**

①タマネギ、ニンジン、ピーマン、ニンニクと根ショウガはみじん切りにする。
②熱したフライパンに油を入れ、ニンニクと根ショウガを入れて炒める。香りがたったらタマネギを加えて炒め、透明になったらチリメンジャコ、ニンジン、ピーマンを入れてさらに炒め、塩を加える。
③ニンジンに火が通ったら、温かい玄米ごはんを入れてよく混ぜ合わせ、塩、コショウで味を調える。

◆材料・4人分

玄米ごはん……茶碗2杯
梅干しや漬け物（タクアン、ゴボウのみそ漬け、シソの実漬けなど）……各少々
焼きノリ……適宜
番茶……適宜
炒った玄米……少々
練りワサビまたはユズの皮……少々

喉ごしがよくてサラサラ

# 玄米ごはんノリ茶漬け

思わず、
サラサラとごはんが胃の中に
流れ込んでしまう喉ごしのよさ。
「よく噛んで」
と言いきかせてはみるものの、
おいしすぎて止まらない。
食べにくい
といわれることのある玄米が、
とっても食べやすいお茶漬けです。

●つくり方

①玄米ごはんは熱湯にくぐらせてほぐし、水けをきる。

②器に玄米ごはんを入れ、細かく刻んだ梅干しや漬け物をのせ、熱い番茶を注ぐ。焼きノリ、炒った玄米を散らし、好みでワサビまたはユズ皮の細切りなどを盛る。

**米子のひとくちアドバイス**

◎お茶漬けにするときは玄米ごはんを熱湯にくぐらせて、ほぐしておくのがポイント。ごはんがサラサラに。

## 大地の豊饒を炊き込む
# 雑穀入り玄米ごはん

玄米にキビやヒエなどの雑穀をプラスした、元気百倍のごはんです。土鍋を使えば、1人分でも手軽に炊けるので便利です。圧力鍋よりやや粘り気が少なめに炊き上がりますが、十分においしいですよ。

イナキビ

ヒエ

雑穀はミネラル分やカルシウム、鉄、ビタミンB群、食物繊維などが豊富

**●土鍋で炊く場合**
（圧力鍋や厚手鍋の炊き方はp14～）

**◆材料・4人分**
玄米……2カップ
キビ・ヒエ……各カップ½
土鍋の水加減……4½カップ（米の1.5～1.7倍強）
＊圧力鍋なら1.2倍、厚手鍋なら1.5～2倍

**◉つくり方**
①土鍋に玄米を入れて洗う。別に洗ったキビとヒエを入れ、水加減をして1時間おく。
②ふたをして火にかける。はじめは中火にし、沸騰したら少し火を弱めてふきこぼれないように様子をみながら弱火にする。ふたの穴に栓をして、40～50分炊く。最後に30秒強火にして水分をとばし、コンロからおろして10～15分蒸らす。
③しゃもじで返すように混ぜる。

生命が芽生えるエネルギー

# 炊飯器で炊く発芽玄米ごはん

わが家では、玄米をキッチンで発芽させてごはんを炊きます。生命が芽生えるとき、生物は最大のエネルギー、栄養、免疫力を発揮します。そのすべてを食べてしまおうというわけですから、感謝して食べないと申し訳ないですね。発芽玄米は、一般の炊飯器でおいしく炊けます。白米を混ぜると、より食べやすくなります。

玄米は2～3日で発芽する。栄養価が増し、食べやすく炊きやすくなる

◆材料・4人分

＊発芽玄米と白米を混ぜる割合は、発芽玄米を1～5割など好みで。まずは、3割で試してみてください。発芽玄米だけでも電気釜で炊けます。

玄米……1カップ

白米（五分つき米がよい）……2カップ

水……電気釜で炊く通常の水加減

◉つくり方

**まず、玄米を発芽させます**

①玄米を平らな容器に並べ、ひたひたに水（水温20℃が最適）を入れる。直射日光の当たらない、風通しのよいところに2～3日置くと発芽する。水は一日1回は取り替える。

**発芽玄米を炊きます**

②さっと洗った発芽玄米と、といだ白米を合わせ、白米を炊くときの普通の水加減で電気釜で炊く。

③蒸らして、しゃもじで返すように混ぜる。

香ばしくて抜群の風味

# 炒り玄米のごはん

炒った玄米の香ばしいにおいといったらありません。これを炊けば消化しやすく、香り豊かで、さらりとした味わいのごはんに仕上がります。このほか、炒った玄米は使い方いろいろ。お茶（p70）にも、あられ（p76）にもなります。

玄米は最初は中火で、はねてきたら弱火でキツネ色になるまで炒る

◆材料・4人分

玄米……2カップ

圧力鍋の水加減

……2½カップ（米の1.2倍）

＊土鍋なら1.5〜1.7倍、厚手鍋なら1.5〜2倍

塩……少々

●圧力鍋で炊く場合

（土鍋や厚手鍋の炊き方はp14〜）

◉つくり方

①玄米をフライパンや鍋（ステンレス鍋や鉄鍋）でこんがりと炒る。中火で炒り、はねてきたら弱火にして約30分が目安。

②圧力鍋に炒った玄米、水、塩を入れて炊く。はじめは強火にかけ、シュンシュンとノズルが音をたてて動きはじめたら弱火にして15分ほど加熱する。火を止めて、自然にふたがあくまで15分ほど蒸らす。

ほんのり紅色に染まって

# 小豆入り玄米ごはん

お赤飯のような仕上がりの、噛むほどに味わい深いごはんです。
圧力鍋で炊けばしっとり、厚手鍋ならやや粘り気が少なく、ちょっとかために。
私は圧力鍋派ですが、娘は「厚手鍋で炊いたほうが好き」と言います。

ふっくら炊き上がった小豆入り玄米ごはん

小豆

金時豆

黒豆

**◆材料・4人分**
玄米……2カップ
小豆……1/3カップ
厚手鍋の水加減……3カップ（米の1.5〜2倍）
＊圧力鍋なら1.2倍、土鍋なら1.5〜1.7倍
ゴマ塩……少々

**●厚手鍋で炊く場合**
（圧力鍋や土鍋の炊き方はp14〜）

**●つくり方**
①厚手鍋に玄米と小豆を入れて洗い、水を加えて1時間以上おく。
②ふたをして火にかけ、中火で炊く。沸騰したら弱火にし、約40分間炊く。火を止め、そのまま10分ほど蒸らす。しゃもじで全体をかき混ぜ、布巾をかけて湯気をとる。
③器に盛り、ゴマ塩をかけて食べる。
**〈メモ〉** 沸騰までの時間が長いほうがおいしく炊けますから、最初は中火にします。

**米子のひとくちアドバイス**
◎ごはんは炊き上がって蒸らしたら、すぐにかき混ぜて余分な水分をとばします。冷めても水っぽくなく、おいしく食べられます。これは、どの炊き方でも共通です。

## 食欲のないときにもおすすめ
# 玄米ごはんの稲荷ずし

「玄米ごはんで、おすし?」と驚くなかれ。

玄米ごはんの酢めしは実に美味。

私はこの稲荷ずしを、お弁当のほか、家族が食欲のないときなどにもつくります。

玄米と酢の効果か、油揚げが食欲をそそるのか、好評でいつも足りなくなります。

**◆材料・4人分**

油揚げ……4枚(8個分)
玄米五目ごはん(p30)または
玄米ごはん……茶碗2〜3杯
油揚げの煮汁
- しょうゆ……¼カップ
- 酒……¼カップ
- みりん……¼カップ
- 黒砂糖……大さじ1

すし酢
- 酢……½カップ
- 水……大さじ3
- 黒砂糖……大さじ2
- 塩……小さじ1
- みりん……大さじ1
- 薄口しょうゆ……少々

**●つくり方**

①油揚げは半分に切って油抜きをし、材料を合わせた煮汁で煮る。
②すし酢をつくる。強火で水と黒砂糖と塩を煮溶かし、みりんとしょうゆを加え、冷まして酢を加えるとよい。
③温かい玄米ごはんに、②のすし酢をふる。しゃもじで切るように混ぜる。
④③の玄米ごはんを①の油揚げに詰める。

## 好きなものを好きなだけ
# 玄米ごはんの手巻きずし

自分で好きな具を巻いて食べるので、準備も、片付けも簡単なのがうれしい手巻きずし。

玄米ごはんの酢めしには、もちろん新鮮な魚介類もよく合います。

具もお好みで。

**◆材料・4人分**

玄米ごはんの酢めし……茶碗3杯
(酢めしは稲荷ずしと同様につくる)
ヤマイモ……20cm
キュウリ……1本
生ワカメ……少々
納豆……1パック
ネギ……少々
トンブリ……少々
青ジソ・焼きノリ……各適宜
しょうゆ・カラシ・ワサビ……各少々

**●つくり方**

①ヤマイモは皮をむき、キュウリとともに5cm長さのせん切りにする。ワカメは細かく切る。納豆は細かく刻み、みじん切りにしたネギを混ぜ、好みの味にしょうゆや練りカラシで調える。ノリ1枚を4等分に切る。
②ノリに玄米ごはんの酢めしと好みの具をのせて巻く。おすすめは、青ジソとヤマイモ、キュウリとワカメ、納豆とトンブリの組み合わせ。
③好みでワサビとしょうゆをつけて食べる。

玄米ごはんと酢は抜群の相性。酢めしにして楽しみたい

玄米ごはんの手巻きずし
玄米ごはんの稲荷ずし

具もいっしょに炊き込んで

# 五目玄米ごはん

ヒジキ、野菜、シイタケが入って彩りもよく、栄養たっぷり。華やかなごはんですから、お祝いの席にも喜ばれます。季節によって具を変えて楽しみたいですね。

ヒジキはカルシウムやミネラルの宝庫。旬の野菜を加え、具だくさんに炊き上げる

**◆材料・4人分**

玄米……3カップ

圧力鍋の水加減……3⅔カップ弱（米の1.2倍）

＊土鍋なら1.5～1.7倍、厚手鍋なら1.5～2倍

芽ヒジキ……大さじ1

ニンジン・ゴボウ・タケノコ（水煮）……各50g

シイタケ……5個

油揚げ……1枚

酒……大さじ2

塩・しょうゆ……各少々

卵……1個

焼きノリ・サヤエンドウ……各少々

**●圧力鍋で炊く場合**

（土鍋や厚手鍋の炊き方はp14～）

**◉つくり方**

①玄米は洗い、水けをきる。

②ヒジキは水につけてもどす。ニンジンはせん切り、ゴボウはささがきにし、水にさらしてアクをとる。タケノコは薄く切り、シイタケは根元を切って細切り。油揚げは油抜きをし、細切りにする。

③圧力鍋に玄米を入れ、酒、塩、しょうゆを合わせて3⅔カップ（圧力鍋の場合）の水加減をし、具である②のヒジキ、ニンジン、ゴボウ、タケノコ、シイタケ、油揚げをのせて炊く。

④はじめは強火にかけ、シュンシュンとノズルが音をたてて動きはじめたら弱火にして15～25分ほど加熱する。火を止めて15分ほど蒸らし、しゃもじで上下を返して混ぜる。器に盛り、薄焼き卵のせん切りやノリ、塩ゆでにした細切りのサヤエンドウなどを散らす。

**米子のひとくちアドバイス**

◎ニンジンの色をきれいに出すには、塩味をきかせ、しょうゆは控えめにします。

トマトとチーズがぴったりマッチ

# 玄米ごはんの熱々ドリア

玄米ごはんに野菜たっぷりのソースとチーズがかかった、熱々のドリアです。こんなごはんなら、おかずはいらないし、残った玄米ごはんでできる手軽さもうれしいですよね。腹持ちがよいのも魅力です。

ドリアのソースには野菜がたっぷり。ケチャップとしょうゆを加えて味を調える

●つくり方

①ニンニクはみじん切り、トマトは皮をむき1cm角に、ピーマンは種を出し、タマネギ、ジャガイモとともに5mm角に刻む。

②鍋にオリーブ油を熱し、中火で①のニンニクを炒め、次に①の野菜を炒める。火が通ったら、塩・コショウで調味し、ケチャップ、しょうゆを加えて煮詰める。

③耐熱皿にオリーブ油を塗り、玄米ごはんを入れて②のソースをかける。ナチュラルチーズをかけて粉チーズをふり、バターを少しずつ3か所に置く。

④オーブンやオーブントースターで焼く。250℃で18分が目安。好みで、焼き上がりに刻んだパセリを散らす。

◆材料・4人分

玄米ごはん……茶碗4杯
ドリアのソース
- トマト……1個
- タマネギ……1個
- ジャガイモ……1個
- ピーマン……3個
- ニンニク……1かけ
- 塩・コショウ……各適宜
- ケチャップ・しょうゆ……各大さじ2

オリーブ油……適宜
ピザ用ナチュラルチーズ・粉チーズ・バター……各適宜
パセリ……少々

【第二章】

# 朝食にも最適 玄米のおかゆとリゾット

## 普通のお鍋ですぐに炊ける 3種類の玄米がゆ

玄米食を始めてみたものの、なかなか続かなくて……とおっしゃる方にぜひおすすめしたいのが、玄米がゆです。

普通のお鍋で、10～15分で炊けて、しかも消化吸収しやすいからです。

穀物は口の中でよく噛んで、アミラーゼという消化酵素とよく混ぜることで、体に負担がないように消化されます。

ところが現代は噛む必要のないほどやわらかな食べ物があふれているせいで、現代人は噛むのが苦手になってきています。

玄米は、よく噛まなければ消化できませんから、胃腸が弱っているとき、疲れているときなど、やわらかいおかゆにすることが身体にやさしい玄米の食べ方というわけです。

おかゆは、玄米粉か残った玄米ごはんでつくります。

## 玄米ごはんのおかゆ→

冷や玄米ごはんに同量または好みの量の水を入れて炊くおかゆです。カボチャやイモ、ダイコン、カブなどの野菜を入れて炊くのも楽しく栄養たっぷり（つくり方p37～）。白米のかゆより腹持ちもよく、満腹感も強いので、ダイエット希望の人にもおすすめです。

## 玄米粒がゆ←

ツブツブ感がある噛みごたえのあるおかゆです。玄米を10～20秒ひいた粉をおかゆにします（つくり方p36）。便秘、下痢などのとき、お腹の調子を整えるのにも最適。水を少なくして炊くと、おだんごを食べているような、なんとも言えないおいしさを味わうこともできます。

## 玄米粉がゆ（おもゆ）→

電動ミルなどで1分間ひいた粉でつくるおかゆです。つくり方は玄米粒がゆ（p36）と同様です。なめらかでトロトロのクリーム状に。大人や子供はもちろん、消化能力が衰えて飲み込みが不自由になった病人や高齢者、赤ちゃんの離乳食にも最適です。また、スープのルーとしても使います。

◆材料・4人分
玄米……半カップ
水……3カップ
塩……少々
ユズ……少々

弱っているとき効果テキメン

# とろ〜り玄米粒がゆ

玄米を10〜20秒、電動ミルやミキサーにかけ、粒粉にしておかゆにします。粉にすることで短時間で炊き上がり、また消化しやすくなります。身体が喜ぶおかゆです。中から力が湧いてきますよ。

◉つくり方

①玄米は電動ミルまたはミキサーなどで10〜20秒ほどミキシングして砕く。
②鍋に①の粉にした玄米と水、塩を入れ、中火でかき回しながら加熱する。沸騰してきたらふたをして、ふきこぼれないように弱火で10〜15分炊く。
③好みで、刻んだユズ皮などを散らす。

**米子のひとくちアドバイス**

◎玄米は調理するときに、そのつど粉にします。酸化するので、つくりおきはさけてください。
◎玄米を1分間ミキサーなどにかければ、より細かい粉になります。同様に炊けば、さらに消化吸収のよい玄米粉がゆ（おもゆ）になります。

◆**材料・4人分**
玄米ごはん（p14）……茶碗2杯
水……3〜4カップ
カボチャ……50g
青菜（ナノハナ）……2〜3本
塩……少々

残った玄米ごはんで、ささっと
# カボチャと青菜の玄米がゆ

玄米の滋味にカボチャのホクホクした甘さが加わった、ほのぼのおいしいおかゆです。残った玄米ごはんが大活躍。カボチャも玄米もとろける味わい。

●**つくり方**
①カボチャは薄切りにし、2㎝幅に切る。青菜はさっとゆでる。
②鍋に水とカボチャを入れて煮る。やわらかく煮えたら、玄米ごはんをほぐしながら加え、さらにごはんがやわらかくなるまで煮る。塩で味を調え、青菜を散らす。

ピリリとさっぱりの滋味

# 玄米おろしがゆ

玄米ごはんのおかゆに、
ピリリと辛いダイコンおろしをプラス。
疲れた胃腸に活気をとりもどす、
さっぱりとしたレシピです。
食欲のない朝に、
食べすぎ飲みすぎのあとに、
いっそううれしい。

◉つくり方

①鍋に玄米ごはんと水を入れ、火にかける。煮立ってきたら塩を加えて弱火にし、ごはんがやわらかくなるまで煮る。
②器に盛り、ダイコンおろしと明太子をのせる。

◆材料・4人分
玄米ごはん（p14）……茶碗2杯
水……3〜4カップ
塩……少々
ダイコンおろし……大さじ8
明太子……少々

玄米ごはんを、おかゆに

ヤマイモを皮ごとすりおろす

# 玄米とろろがゆ

熱々の玄米がゆに、
とろろをたっぷりとのせました。
ノリとネギ、ウズラの卵も入って、
もう足りないものは何一つない、
元気いっぱいのおかゆです。

◉つくり方

①鍋に玄米ごはんと水を入れ、火にかける。煮立ってきたら塩を加えて弱火にし、やわらかくなるまで煮る。
②ヤマイモのヒゲはガスの火で焼き切り、布でふき取って皮ごとすりおろす。
③おかゆを器に盛り、②のとろろをのせる。焼きノリと刻んだネギを散らし、ウズラの卵を割ってかける。しょうゆをかけて食べる。

◆材料・4人分
玄米ごはん
……茶碗2杯
水……3〜4カップ
塩……少々
ヤマイモ……20㎝
焼きノリ……少々
ネギ……少々
ウズラの卵……4個
しょうゆ……少々

玄米おろしがゆ
玄米とろろがゆ

お代わり続出の人気メニュー

# 具だくさん玄米ぞうすい

「おいしい、おいしい」とお代わり続出で、すぐに鍋は空っぽ。家族がそろって大好きな、ぞうすいです。玄米ごはんが残るといつもつくる、わが家のおふくろの味といったところです。

ほっくり煮えた根菜と玄米ごはんとのコンビネーションが抜群

**◆材料・4人分**

玄米ごはん……茶碗2杯
ニンジン……½本
サトイモ……3個
レンコン……50g
ネギ……½本
みそ……10〜20g
ユズ・ミツバ……各少々

**●つくり方**

①ニンジンとレンコンは薄いいちょう切り、サトイモは皮をむいて1㎝角に切り、ネギは1㎝長さのぶつ切りにする。

②鍋に水とニンジン、レンコン、サトイモを入れ、ひたひたの水で煮る。

③沸騰してきたら玄米ごはんを入れ、やわらかくなるまで煮る。みそで味を調え、ネギを入れてひと煮立てする。好みで細切りにしたユズ皮、ミツバなどを散らすとよい。

子供たちも大喜びの洋風おかゆ

# 玄米と野菜のリゾット

トマトとピューレで色づけした赤い玄米ごはんは、子供たちの大好物。お誕生日のときの定番メニューです。

玄米に小さいサイコロ形に切った野菜をたっぷり入れて、炊き込みます。具にカニを足したり、貝柱を入れたりしてもいいでしょう。

季節には、キノコたっぷりのシンプルリゾットもおすすめです。

玄米も野菜も、オリーブ油でよく炒める

◆材料・4人分
玄米……2カップ
ニンジン……½本
タマネギ……半個
セロリ……⅓本
キャベツ……1枚
ジャガイモ……1個
トマト……2個
ピーマン……3個
ニンニク……1片
オリーブ油……大さじ1
トマトピューレ……大さじ2
塩・コショウ・月桂樹の葉……各少々

◉つくり方
①玄米は洗って水けをきる。トマト以外の野菜は1㎝角に切り、トマトは粗くみじん切りにする。ニンニクはつぶす。
②鍋（厚手の鍋がよい）を熱してオリーブ油を入れ、玄米を炒める。透き通ってきたら、取り出す。
③油を足してタマネギ、ニンニク、セロリ、キャベツを炒め、透明になったらニンジン、ジャガイモ、トマト、ピーマン、月桂樹の葉を入れて炒める。
④さらに②の炒めた玄米を加え、塩、コショウで調味する。トマトピューレを加え、湯3⅓カップを入れて中火で炊く。沸騰したら弱火にし約40分間炊き、火を止める。10分ほど蒸らして木じゃくしでかき混ぜ、布巾をかけて湯気をとる。

【第三章】手づくりならでは玄米もちいろいろ

# もち米100%の玄米もち

深~いおいしさと噛み心地

風味といい、噛みごたえといい、普通のおもちでは考えられないような深いおいしさです。一度食べてしまうと、ほかのおもちでは物足りなくなってしまうほど。クリームがかった色合いもまた魅力です。これを食べたいがために、もちつき機を買うという人もいるくらい。玄米もち米を一般のもちつき機でつくるためには、ちょっとしたコツがいります。ひとくちアドバイスを参照してください。

◆材料
玄米もち米……5カップ
もちとり粉(カタクリ粉)……適量

玄米もち米を一般のもちつき機でつくるために、2分か3分精白する。購入時にお米屋さんで

豆もちやキビ入りもちなども簡単に(p46)

◉つくり方

①少し(2分か3分)精白した玄米もち米を洗い(湯で洗うともちの味が悪くなるので必ず水で洗う)、一晩水にひたす。夏場はにおいがつきやすいので、5~10時間ごとに水を替えるとよい。

②ザルにとり、10~30分水切りをする。

③もちつき機に指定の量の水(もち米5カップ分)を入れ、蒸してつく。

④板にもちとり粉を薄くふってしき、つきあがったもちを適量ずつのせて棒状に整える。または好みの厚さに手のひらでのばす。もちがかたまったら切っておく。

つきあがったもちは、粉をふった板上で棒状などに形を整える

プラスチックの台やラップの上でのばせば、もちがくっつきにくいので、粉は少量でよい。大きめのお盆やトレーなどが便利

**米子のひとくちアドバイス**

**◎玄米もち米を少し精米する**

玄米もち米を、精米機で少し（2分か3分）精白すれば、一般のもちつき機でつくことができます。つまり、玄米もち米に少し傷をつけるのがポイントで、そのままでは一般のもちつき機でつくことはできません。

玄米もち米を、圧力鍋でやわらかく炊いてからもちつき機でつくか、あるいは市販の玄米もちのように、精白した玄米もち米にぬかを加えてつくこともできます。

手間がかからず、キビ入りや豆入りなど多種類のもち（p46）がおいしくできるという点で、私は最初にご紹介した2分か3分、精白してつく方法がおすすめです。

**◎精米機がなければ購入時にお米屋さんで**

精米機がない方は、お米屋さんで購入するときに精白してもらうとよいでしょう。ミルなどでも少しずつなら精米できますが、時間がかかるので、お米屋さんで頼むのが便利です。

キビ、黒米、黒豆を合わせて

# 変わり玄米もち3種

キビや黒米、豆入りなど、玄米もちをつくるのと同じ要領で、いろいろなバリエーションを楽しむことができます。

キビ入りはツブツブ感が魅力。

黒米入りは味わいもさることながら色合いが美しく、上品な紫色に見とれてしまうほど。

豆もちは生の豆を加えてつきます。食べるときは、焼いてください。

豆もちを焼かずに生で味わいたいときは、かためにゆでた豆か炒った豆を加えてついてください。

◆材料
玄米もち米……4カップ
キビ……1カップ
もちとり粉（カタクリ粉）……適量

もち米は、夏場は水を替えながら一晩ひたす（写真はキビ入り）

## キビ入り玄米もち

●つくり方

①玄米もち米とキビを合わせて水で洗い（湯で洗うともちの味が悪くなるので必ず水で洗う）、一晩水にひたす。夏場はにおいがつきやすいので、5～10時間ごとに水を替えるとよい。
②ザルにとり、10～30分水切りをする。
③もちつき機に指定の量の水（もち米5カップ分）を入れ、蒸してつく。
④板にもちとり粉を薄くふってしき、つきあがったもちを適量ずつのせて棒状に整える。または好みの厚さに手のひらでのばす。もちがかたまったら切っておく。

◆材料
玄米もち米……4½カップ
黒米……½カップ
もちとり粉（カタクリ粉）……適量

黒米や赤米が手に入ったら、手づくりならではの古代色を堪能したい

## 黒米玄米もち

●つくり方

①で玄米もち米と黒米を合わせて水で洗う。あとはキビ入り玄米もちのつくり方と同様に。

## 玄米豆もち

●つくり方

キビ入り玄米もちのつくり方と同様に。ただし①では玄米もち米のみ洗う。また

③でもちをついているときに塩をふり、黒豆を生のまま、もちにくっつけるように押し込んでつく（もちをつきだしたら、すぐ押し込めばよい）。

◆材料
玄米もち米……5カップ
黒豆……50g
塩……小さじ1
もちとり粉（カタクリ粉）……適量

**米子のひとくちアドバイス**

◎もちとり粉が多いほど、あとでカビやすくなります。もちの形を整えるときは、板よりも、くっつきにくいプラスチックや金属製などのお盆やトレー、ラップなどのほうが、粉が少量ですみ手軽です。
◎もちは、翌日には好みの大きさに切っておきたいもの。あまりおくとかたくなりすぎて、「切れない！」なんてことに。すぐに食べない分は小分けにして、冷凍保存しておくとよいでしょう。

すり鉢でついてつくる

# あん入り玄米ヨモギもち

フワフワと、とろけそうなおもちです。ヨモギをたっぷり入れて、色も香りも楽しみます。中に小豆あんをはさみ、おだんごに。好みでキナ粉をまぶして召し上がれ。

ヨモギ粉を使えば旬の味わいをいつでも楽しめる

もちつき機などを使わずに、すり鉢でついてつくれるのがうれしい

**◆材料・12～15個分**

玄米もち米粉（または白玉粉）……1カップ
ヨモギ粉（干して粉にしたもの）……15g
塩……少々
煮た小豆あん……300g
カタクリ粉・キナ粉……各適宜

**●つくり方**

①玄米もち米粉に熱湯を入れてかたくこね、塩を加えて指でこね込む。小さく丸めて約20分蒸す。

②取り出した①のもちをすり鉢に入れ、水でもどしたヨモギ粉を合わせて、よくつき混ぜる。

③②を5㎝大に丸め、中に小豆あんをはさんで好みの形に整える。カタクリ粉をふった上で丸めると整いやすい。好みでキナ粉をまぶす。

**米子のひとくちアドバイス**

◎玄米もち米粉は市販の白玉粉でもかまいませんが、玄米もち米を電動ミルやミキサーなどに約1分かければ粉になります。

食べ方いろいろ

# 玄米もちを自在に味わう

玄米もちに好みの素材をからめて味わいます。エゴマはジュウネンともいい、なければゴマで代用を。

## 玄米のおろしもち

つきたてまたは焼いた玄米もちに、しょうゆをたらしたダイコンおろしをからめて味わう。

## 玄米の納豆もち

つきたてまたは焼いた玄米もちに、納豆（納豆1パック、しょうゆ・カラシ・刻んだネギ各少々）をまぶす。

## 玄米のキナ粉もち

つきたてまたは焼いた玄米もちに、黒砂糖やキビ砂糖、塩を混ぜたキナ粉をまぶす（キナ粉大さじ5：砂糖大さじ3：塩少々が目安）。

## 玄米のエゴマもち

エゴマは炒り、パチパチとはねてきたら火を止め、よくする。沸騰した湯に塩少々を入れて、ゆでた豆腐、黒砂糖、しょうゆをよく混ぜ合わせ、すったエゴマと合わせる（分量はエゴマ50g、黒砂糖大さじ3、しょうゆ大さじ2、豆腐半丁が目安）。つきたてまたは焼いた玄米もちに、からめて食べる。

# 【第四章】粒ごと食べる玄米のスープと汁物

栄養を丸ごと味わう

## とろ〜り玄米スープ

玄米スープは世界で一番、体にやさしい食べ物だと思います。どんなに疲れた人にも、どんな年齢の人にも、病の人にもやさしいのが、このスープ。しかもグラタンなどのルーに、またムースやゼリーなどのお菓子づくりにも役立ってくれる、すぐれものです。玄米粉、炒った玄米、玄米ごはんの3通りでつくる方法があります。飾りに炒った玄米を浮かべると、見た目もおしゃれに。

### 玄米粉でつくる

滋養たっぷりのスープが、すぐにできあがります。

**●つくり方**

①玄米は電動ミルまたはミキサーで1分間よくすって粉にする。

②鍋に玄米粉と水を入れて中火にかけ、かき混ぜる。沸騰してきたら弱火にしてゆっくりとかき混ぜ、塩少々で調味する。

玄米粉でつくったスープ

**◆材料**

玄米……1カップ
水……10カップ
塩……少々

### 炒った玄米でつくる

炊くのにやや時間がかかりますが、香ばしい仕上がりです。

**●つくり方**

①玄米は厚手鍋などでよく炒る（炒り方はp25参照）。

②炒った玄米に水を加え、中火で3時間煮る。

③ミキサーにかけてポタージュ状にする。

炒った玄米でつくったスープ
（ミキサーにかける前）

**◆材料**

玄米……1カップ
水……10カップ
塩……少々

# 玄米ごはんでつくる

紹介する方法のほか、玄米ごはんや玄米粒がゆ（ｐ36）に水を加えてミキサーにかけ、ポタージュ状にしても。

●**つくり方**

①玄米は洗って水をきり、圧力鍋に入れて分量の水と塩を加える。

②はじめは強火、シュンシュンとノズルが音をたてて動きはじめたら弱火にして15～25分加熱。火を止めて、15分ほど蒸らす。

③冷めたらミキサーにかけ、ポタージュ状にする。

玄米ごはんでつくったスープ（ミキサーにかける前）

◆**材料**

玄米……1カップ
水……5カップ
塩……少々

**◆材料・４人分**
玄米スープ（P52）……3カップ
サトイモ……3個
マイタケ……50g
ブロッコリー……100g
塩・しょうゆ・酒……各適宜

「ふーふー」熱々を食べる
# サトイモの玄米スープ

サトイモのおいしさを
玄米のスープで包んだ、
腹持ちがよく心身にやさしいスープ。
「ふーふー」と熱々を食べて、
体が温まり、
知らず知らずのうちに
心まで温まります。

**●つくり方**

①サトイモは皮をむき、２cm角に切る。マイタケは石突きをとってほぐす。ブロッコリーは小房に分けてゆでる。

②玄米スープにサトイモ、マイタケを入れ、中火でサトイモがやわらかくなるまで煮る。水が足りないときは1カップ加える。

③塩、しょうゆ、酒で調味し、ブロッコリーを加えてひと煮立てする。

豆をひたすときに、月桂樹の葉もいっしょに入れておくとよい

◆材料・4人分

玄米スープ……3カップ
大豆・金時豆・インゲン豆……各½カップ
月桂樹の葉……3枚
パセリ……少々
タマネギ……1個
セロリ……½本
ニンニク……1片
塩・コショウ……各適宜
オリーブ油……大さじ1

滋味たっぷり濃い味わい

# 豆の玄米クリームスープ

大豆、金時豆、インゲン豆など多種類の豆の深い旨みが玄米スープで引き出され、濃い味わいに。豆好きな人にはこたえられません。彩りにコーンなどを散らすのも楽しいですね。

●つくり方

①大豆、金時豆、インゲン豆は洗って水にひたし、一晩おく。月桂樹の葉もいっしょに入れておく。

②鍋に入れて、たっぷりの水でやわらかくなるまで煮る（圧力鍋を使うときは3倍の水を入れ、強火にかけて沸騰したら弱火で5分煮て、火を止め15分蒸らす）。

③タマネギ、セロリ、ニンニクは細切りにし、別鍋で、透明になるまで油で炒める。そこへ玄米スープ、②の煮た豆を入れ、中火で5～10分くらい煮る。塩、コショウで調味し、好みで炒った玄米とパセリのみじん切りを散らす。

## 野菜とキノコと油揚げ入り
# 玄米すいとん汁

口の中でとろけるのに、しっかり噛みごたえもある玄米すいとんが、たっぷり入った実だくさんの汁。熱々を汗をふきながら食べる幸せよ。

◆材料・４人分
玄米粉……１カップ
小麦粉……½カップ
カブ……３個
ジャガイモ……１個
ニンジン……½本
ハクサイ……３枚
ネギ……１本
シメジ……100ｇ
油揚げ……１枚
油……大さじ1
塩・しょうゆ・酒……各適宜
トウガラシまたはコショウ……少々

◉つくり方

①玄米粉と小麦粉は合わせ、熱湯を少しずつ加えて耳たぶ程度のやわらかさにこね、好みの大きさにちぎる。

②カブは８等分し、ジャガイモは２㎝角、ニンジンは厚さ５㎜のいちょう切りに。ハクサイはざく切りにし、ネギは１㎝のぶつ切り、シメジは石突きをとってほぐす。油揚げは油抜きをし、細切りにする。

③鍋に油をひいて②のネギ以外の野菜を炒め、水５～６カップを入れて強火で加熱する。沸騰したら油揚げとシメジを加え、中火でアクをとりながら煮る。

④野菜がやわらかく煮えたら、①の玄米すいとんを入れて煮込む。塩、しょうゆ、酒で調味し、ネギを入れてひと煮立てする。好みでトウガラシやコショウをふって食べる。

玄米すいとんは玄米粉に小麦粉をプラスし、練ってつくる

玄米と野菜で身体がすみずみまで生き返る

【第五章】応用自在

# 玄米の軽食とサラダ

ごはん代わりにも、おやつにも

## 玄米パンケーキ

香ばしく炒った玄米を粉にして、全粒粉とコーン粉と合わせてパンケーキの生地に。ごはん代わりにも、おやつにもなります。油を使いたくなければ、ホットプレートで焼いてください。

こんがり炒った玄米を電動ミルでひく

30秒ほどすれば、炒り玄米粉のできあがり

◆材料・4人分
玄米……½カップ
全粒粉……¼カップ（40g）
コーン粉……¼カップ（40g）
ナタネ油……少々
ベーキングパウダー……小さじ2
メープルシロップ・練りゴマ・ジャム……各適宜

●つくり方

①玄米はキツネ色に炒り（炒り方はp25参照）、電動ミルなどで30秒ほどすって粉にする。

②玄米粉、全粒粉、コーン粉、ベーキングパウダーを合わせ、1カップの水（または牛乳、豆乳など）を少しずつ入れて練っていく。耳たぶくらいのやわらかさになったら、ホットプレートまたはナタネ油をひいたフライパンで焼く。好みで炒った玄米などをトッピングするとよい。

③メープルシロップまたは練りゴマ、ジャムなどをつけて食べる。

CITADELLE

## 香ばしさがたまらない

# 玄米の五平もち

飛騨高山で食べた五平もちのおいしさが忘れられず、玄米ごはんでつくってみました。

もともとは山仕事の人たちが、ごはんを板きれに握りつけ、みそなどをつけてあぶって食べたのがはじまりという郷土料理です。

玄米ごはんでつくると、香ばしさもひとしお。しっかりとお腹におさまります。

**●つくり方**

①炊き上がった、または温めた玄米ごはんをボールにとり、棒でトントンと突く。４つに丸めて平らにし、棒に刺して両面を焼く。遠火でこんがり焼くとよい。

②ほどよく焼けたら、材料を全部合わせて練っておいたたれを塗り、さらに両面をさっとあぶる。

**◆材料・4人分**

玄米ごはん……茶碗4杯

たれ

- みそ……大さじ2
- 黒砂糖……大さじ2
- みりん……大さじ2

玄米ごはんは棒でトントンと突いてから串に刺して焼く。香ばしさがたまらない

たれは、みそと黒砂糖、みりんを同量ずつ合わせて練る

ビタミンやミネラルも豊富

# 玄米お好み焼き

生地は玄米粉をベースに、全粒粉とヤマイモを加えました。干しエビやキャベツを入れて焼きます。生地にはミネラルやビタミンなど栄養素がたっぷり。子供たちも大喜びで食べてくれます。油を使いたくない場合は、パンケーキ同様、ホットプレートで焼いてください。

◆材料・4人分
玄米粉……1カップ
全粒粉……½カップ
ヤマイモ……10㎝
キャベツ……3枚
ネギ……1本
モヤシ……半袋
卵……1個
干しエビ……少々
油……適宜
青ノリ……適宜

ヤマイモはヒゲを焼いて皮ごとすりおろす

玄米粉と全粒粉の生地は、クセのない味わい

●つくり方

①ヤマイモは火でヒゲを焼き、よく布巾でこすって皮ごとすりおろす。キャベツはせん切り、ネギは小口切り、モヤシは洗って水けをきる。

②ボールに玄米粉と全粒粉を入れ、水1カップで溶く。卵を割り入れ、ヤマイモのすりおろしを混ぜ合わせ、干しエビ、①の野菜も混ぜる。

③熱したホットプレートまたはフライパンに油をひき、適当な大きさに焼く。青ノリをふって食べる。味つけが物足りなければ、好みでソースなどを塗る。

**米子のひとくちアドバイス**

◎ヤマイモは、皮ごとすりおろすのがおすすめ。ヒゲは焼き、布巾でこすれば気になりません。手間もかからず、手がかゆくならないし、ゴミも出ないので、とっても得した気分です。

豆乳や豆腐も入ってヘルシー

# 玄米グラタン

外側はカリカリと焼き色がつき、中はとろりと旨みたっぷり。豆乳や豆腐も入った玄米グラタンは、超ヘルシーで格別なおいしさです。

玄米粉と玄米スープが入ったホワイトソース

豆腐とアスパラガスの具が玄米のソースにぴったり

**◆材料・4人分**

玄米粉……大さじ2
玄米スープ（p52）……2カップ
豆乳（または牛乳）……½カップ
アスパラガス……1束
豆腐……半丁
タマネギ……1個
オリーブ油……大さじ1
塩・コショウ……各少々
パン粉・バター……各適量

**●つくり方**

①ホワイトソースをつくる。鍋にオリーブ油を回し入れ、薄切りにしたタマネギを入れて透明になるまで弱火で炒める。玄米粉を入れてさらに炒め、豆乳½カップを少しずつ入れてクリーム状にする。そこへ玄米スープを加え、塩、コショウで調味し、よく混ぜる。

②アスパラガスはゆでて、食べやすい大きさに切る。豆腐は縦に切り、さらに1㎝厚さに切って沸騰した湯に塩を入れた中でゆでる。

③耐熱皿にオリーブ油（分量外）を塗り、豆腐とアスパラガスを並べる。①のホワイトソースを流し込み、パン粉を散らしてバターを少しずつ散らして置く。

④200℃のオーブンで15～20分焼く。バターを入れずに焼き、できあがりにパセリのみじん切りを散らしてもよい。

ドレッシングはゴマ風味

# 玄米ライスサラダ

オリーブ油と酢で味つけした玄米ごはんが、リンゴやクルミ、干しブドウともよく合います。トマトやブロッコリーをのせて、ドレッシングをかけました。さわやかな、さっぱり味のライスサラダです。

玄米ごはんは熱湯をかけてほぐすと、ぬめりがとれてパラパラになる

クルミや干しブドウの自然の甘さがやさしい

◆材料・4人分

玄米ごはん……茶碗1杯
トマト……1個
ブロッコリー……1個
フノリ……大さじ2
リンゴ……1個
レモン汁……少々
オリーブ油・酢……各小さじ1
飾り用
　干しブドウ・クルミ……各少々
ドレッシング
　マヨネーズ……大さじ2
　白すりゴマ……大さじ2
　酢……大さじ2
　しょうゆ……大さじ2

## ●つくり方

①トマトは角切りにし、ブロッコリーは小房にしてゆでる。リンゴは皮をむき4つ割りにして薄切りし、レモン汁をかける。

②玄米ごはんは熱湯にくぐらせてほぐし、水けをきってオリーブ油と酢をかけ、混ぜる。水でもどしたフノリ、①のリンゴとトマト（飾り用に少し残す）も合わせる。

③②に、ブロッコリー、飾り用に残しておいたトマト、干しブドウやクルミを刻んだものを飾り、材料を合わせたドレッシングをかける。

彩りと食材のバランスの妙

# 玄米ニョッキサラダ

玄米粉をパスタのように棒状にした、シコシコとしたニョッキのサラダ。これ一皿で、ごはんプラスおかず代わりのボリューム。ニョッキのかたさと具を好みに調節して、いろいろなサラダが楽しめます。ヘルシーなおいしさがうれしいですね。

酢やオリーブ油にリンゴのすりおろしを加えたドレッシング

**◆材料・4人分**

玄米粉……½カップ
小麦粉……25g
カリフラワー……50g
カボチャ……50g
レンコン………50g
生ワカメ……10g
赤ピーマン・ルッコラ・イタリアンパセリなど……各少々
ドレッシング
　酢……大さじ2
　オリーブ油……大さじ3
　リンゴのすりおろし……半個
　塩・コショウ……各少々

まるでパスタのような玄米粉のニョッキ

**◉つくり方**

①玄米粉と小麦粉は合わせて、熱湯で耳たぶ程度のやわらかさにこね、細い棒状に丸める。煮立った湯に入れ、浮いてきたらすくって水けをきる。

②カリフラワーは小房に分け、カボチャは薄切り、レンコンは縦に切ってから薄切りにし、ゆでて水けをきる。ワカメはよく洗い、食べやすい大きさに切る。

③①と②をそれぞれ皿に彩りよく盛り、好みで、細切りにした赤ピーマン、ルッコラやイタリアンパセリを散らす。

④材料を合わせたドレッシングをかける。

【第六章】ヘルシーが魅力

# 玄米のお茶&おやつ

## ていねいに炒ってつくる
## まろやか玄米茶

玄米をこんがり炒って、お茶に。香ばしく、まろやかな味わいで、常飲したい健康茶です。風邪のひきはじめにとくに効果あり。一杯飲んで寝ると、朝はすっきりです。通常の緑茶のように急須でいれて飲むのもよし、梅干しを加えて飲むのもおすすめです。

◆材料
玄米……1カップ
梅干し……1個

●つくり方
①玄米はフライパンや厚手の鍋で、キツネ色になるまで香ばしく炒る。はじめは中火で炒り、はねてきたら弱火にして約30分が目安。
②急須に①の炒った玄米を適量入れ、湯を注いで茶碗に入れて飲む。または茶碗に炒った玄米大さじ1と梅干しをちぎって加え、湯を注いで飲む。玄米もいっしょに食べるとよい。

玄米をていねいに、こんがりと炒る。炒った玄米はごはんに炊いたり（p25）、そのまま食べたり（p76）と用途もいろいろ

炒った玄米と梅干しを入れて湯を注ぐ飲み方も

少しおいて香りが出てから飲む。玄米もいっしょに食べられるのがうれしい

多種類をブレンドして味わう

# わが家の玄米野草茶

野草のかぐわしい香りが、
玄米のまろやかな甘みをよりいっそう引き立ててくれます。
野草は多種類をブレンドして味わいます。
体調は日によって変化しますから、単品よりも多種類が効果的。
家族で飲むなら、なおさらです。
この玄米野草茶は、わが家で三六五日、欠かさずに飲むお茶です。

◆材料
炒った玄米……大さじ1
陰干しにした好みの野草（ドクダミ、ミカンの皮、シソ、ヨモギ、ゲンノショウコ、オトギリソウ、ツユクサなど）……20～30g

炒った玄米の玄米茶（p70）に野草を合わせる

これぞ、わが家の玄米野草茶で米子ブレンドといったところ。炒った玄米のほか、ドクダミ、ミカンの皮、シソ、ヨモギ、ゲンノショウコ、スギナ、トクサ、クマヤナギ、オトギリソウ、ツユクサ入り

**●飲み方**

①炒った玄米と好みの野草は混ぜてブレンドしておく。

②1ℓの水に炒った玄米と野草を入れて火にかけ、沸騰したら弱火にして10分ほど煮出す。冬は熱いお茶、夏はこれを冷やして冷たくして飲む。

**米子のひとくちアドバイス**

◎野草は2つまみくらいずつ、できるだけ多種類を合わせます。たくさんの種類がなければ、5種類以上を心がけてください。
◎野草を自分で摘んで干すのがたいへんであれば、市販の柿の葉茶やドクダミ茶、ハトムギ茶などを利用して。
◎煮出した玄米野草茶は、その日のうちに飲みきるとよいでしょう。水分をたくさん摂ることは、便秘の解消にも役立ちます。

薬効があってカフェインゼロ

# 玄米コーヒー

玄米を黒くなるまで炒ってつくるコーヒーです。これぞ自家焙煎で、なんともいえない香りと味わい。しかも、カフェインゼロ。体に100%やさしく効く、とっておきの飲み物です。

◆材料
玄米……1カップ

玄米を黒くなるまで炒った玄米コーヒー

濾過していれるほか、玄米コーヒー粉に直接湯を注ぎ、上澄みを飲んでもよい

## ●つくり方

①玄米をフライパンや厚手の鍋で、真っ黒になるまで中火から弱火で炒る。約1~2時間が目安。

②①の黒く炒った玄米を、電動ミルなどで、30~40秒細かくひく。

③ろ紙に②の玄米コーヒー粉を大さじ1入れ、熱湯を1杯分注いで抽出する。または、茶碗に玄米コーヒー粉大さじ1を入れ、熱湯を注ぎ、その上澄みを飲む。沈んだ玄米粉も、もちろん食べられる。

**米子のひとくちアドバイス**

◎この黒く炒った玄米は、昔は薬として珍重されていました。子供も、病人も、高齢者もおいしく飲めます。コーヒーをいれたら、玄米も捨てずに食べないともったいないですよ。

（写真上）電動ミルなどでひいて粉にして、いれるとよい
（写真下）通常のコーヒーと同様に、湯を注ぎ抽出する

食べてよし飲んでよし

# 玄米炒りあられ

手のひらにのせて、
ポリポリかじるおいしさよ。
ついついつまんでしまうので、
つくっても、つくっても
すぐになくなってしまいます。
この奥深い味に慣れてくると、
市販のスナック菓子などは、
味つけが甘い、
油を使ってしつこい……などと、
なんとも物足りなくなってしまうのです。
この炒りあられ、
もちろん玄米茶（ｐ70）としても楽しめます。

◉つくり方

玄米をフライパンや厚手の鍋でキツネ色に炒る。はじめは中火で炒り、はねてきたら弱火にして、20～30分が目安。

◆材料

玄米……適宜

（写真上）干した玄米ごはん
（写真下）干した玄米もち

残りごはんやもちでつくる

# 玄米揚げあられ

玄米ごはんや玄米もちを、油でカラリと揚げた「あられ」です。残りごはん、かたくなったもちが格好のおやつに。よく干してから揚げてください。好みでパラリと塩をふっても。

**◉つくり方**

好みの材料を熱した油でカラリと揚げ、油をきる。

**◆材料**

玄米ごはんを干したもの……適宜
玄米ごはんを棒でついてだんご状にし、ちぎって干したもの……適宜
玄米もちを薄く切って干したもの（あるいはそのまま干して乾燥してから砕いてもよい）……適宜

甘くないのもいいみたい

# 玄米かりんとう

仕上げに黒砂糖をちょっとふっただけ。甘くない、かりんとうです。生地は玄米粉と全粒粉を同量合わせ、ユニークなクッキーの型やドーナツ型で抜いてみました。形も黒砂糖の量も、好みで調整できるのが手づくりならではです。

生地をユニークな型で抜いて。もちろん、棒状に仕上げても。油で揚げたくないときは、オーブンで焼くとよい

◆材料

玄米粉……½カップ（80g）
全粒粉……½カップ（80g）
ベーキングパウダー……小さじ1
塩……少々
油……適宜
黒砂糖……少々

◉つくり方

①玄米粉と全粒粉、ベーキングパウダーはふるい、塩を混ぜる。水を少しずつ加えて、耳たぶくらいのかたさにこね、薄くのばして好みの大きさに切る。またはクッキーの型などで抜く。

②中温に熱した油で、カラリと揚げる。油を使いたくない場合は、170℃のオーブンで、15～25分ほど焼くとよい。

③黒砂糖を軽くふる。

ゴマや木の実をふんだんに

# ノンシュガーの玄米クッキー

ノンシュガーで、噛むほどに味わい深いクッキーです。これなら、ごはん代わりにも、おいしく食べられます。子供に油たっぷり、砂糖たっぷりのおやつはあげたくない、もうこれ以上は太りたくない……という方にも安心なクッキー。もちろん、おいしいですよ。

## 玄米ゴマクッキー

**●つくり方**

①玄米粉、全粒粉はふるい、半分に分ける。片方に白ゴマ、もう片方には黒ゴマを入れ、それぞれにゴマ油を大さじ1、塩少々と水を少しずつ加え、耳たぶくらいのかたさに練る。

②生地はそれぞれ棒状にまとめ、8㎜厚さに切る。飾り用に炒った玄米とゴマをのせ、170℃のオーブンで15～25分焼く。

**◆材料（玄米ゴマクッキー）・4人分**

玄米粉……½カップ（80g）
全粒粉……1カップ（160g）
白ゴマ・黒ゴマ……各¼カップ（30g）
塩……少々
ゴマ油……大さじ2
飾り用のゴマ・炒った玄米……各適宜

生地は棒状にまとめて薄切りに。型抜きの手間がいらず、丸めたまま冷凍もできる

**◆材料（クルミとレーズンの玄米クッキー）・4人分**

玄米粉……½カップ（80g）
全粒粉……1カップ（160g）
干しレーズン……30g
クルミ……30g
シナモン……少々
オリーブ油……大さじ2
飾り用の炒り玄米・レーズン・クルミ……各適宜

丸形のほか、三角や四角形も楽しい。ゴマ、レーズン、クルミを自在に

## クルミとレーズンの玄米クッキー

●つくり方

①分量のレーズンとクルミは粗く刻む。

②玄米粉、全粒粉はふるい、半分に分ける。片方にはクルミ、もう片方にはレーズンを入れ、それぞれにシナモン、オリーブ油大さじ1と水を少しずつ加え、耳たぶくらいのかたさに練る。

③生地はそれぞれ棒状にまとめ、8㎜厚さに切る。飾り用の材料をのせ、170℃のオーブンで15〜25分焼く。

**米子のひとくちアドバイス**

◎全粒粉には、フスマ（外皮）の部分が微粉末状になっているもの、粗いフスマが残っているものなど、いろいろな種類があります。種類によってはグルテン量が少ないためか、練ってもまとまらないことがあります。その場合は、粗いものはミルで微粉末にする、精白した小麦粉を加える、油の量を増やすなど、調節してください。

油も卵も牛乳も使わない

# 玄米と木の実のケーキ

クルミや干しフルーツがぎっしり詰まった蒸しケーキです。粉は玄米粉と全粒粉を合わせて、しっとりもっちりとした味わい。油も卵も牛乳も使っていないので、アトピーの人やお年寄りにも喜ばれます。甘みは黒砂糖とハチミツで出しました。

クルミ、レーズン、干し柿やイチジクは、生地に刻み入れ、上にも散らして

### ◆材料

・18㎝×8.5㎝×6㎝の型分

玄米粉……50g
全粒粉……150g
豆乳……1カップ
黒砂糖……40g
ハチミツ……10g
クルミ……50g
レーズン……50g
干し柿……2～3個（80g）
干しイチジク……50g
ラム酒……大さじ2
ベーキングパウダー
……小さじ2
シナモン・塩……各少々
炒り玄米……適宜

### ●つくり方

①小鍋に豆乳と黒砂糖、ハチミツを入れ、温めて煮溶かす。

②クルミ、レーズン、干し柿、干しイチジクは細かく刻み、ラム酒をふっておく。

③玄米粉、全粒粉、ベーキングパウダー、シナモン、塩は合わせて2回ふるう。粉に①を入れ、木じゃくしで切るように混ぜる。

④③の生地に、②と炒り玄米を加える（飾り用に少し残す）。

⑤型に流し入れ、残しておいたフルーツや炒り玄米を上に散らして飾る。蒸気の上がった蒸し器で20～30分蒸す。粗熱がとれたら取り出し、切り分ける。

◆材料・4人分
炒り玄米（p76）……大さじ4
ヨーグルト……適宜
干しプルーン……4個
クルミ……4個
ジャムやメープルシロップ……適宜

忙しい朝にも大活躍
# 玄米フレーク・ヨーグルト

ノンシュガー、
ノンオイルの玄米フレークを
あちこち探しましたが見つからず、
エイッと自分でつくることに。
ヨーグルトにもアイスクリームにも、
ささっとかけて楽しめます。
忙しい朝にも大活躍。
香り豊かで身体にもよい、
すぐれものです。

●つくり方
①炒り玄米は電動ミルなどで5秒ほどすり、半分ほどを粉にする。プルーンは細く切り、クルミは小さく割る。
②器にヨーグルトを盛り、①のプルーン、クルミ、炒り玄米をのせる。好みで、さらに炒った玄米（分量外）をふりかける。甘みがほしい場合は、ジャムやメープルシロップをかけて食べる。

カボチャでつくるあんこは、色もかわいく、味わいほっこり

◆材料・4人分
玄米粉……1カップ(130g)
カボチャ……100g
ハチミツ……大さじ1
塩……少々
しょうゆ……適量

## カボチャあんをたっぷりかけて
# しょうゆ風味の玄米だんご

しょうゆを塗って
香ばしく焼いた玄米だんごに、
黄色いカボチャあんを
たっぷりからめました。
しょうゆ味のおだんごは、
皮はカリカリ、
中はシコシコ噛みごたえ十分。
2つ、3つと
食べたくなるおいしさです。

●つくり方
①カボチャは適当な大きさに切り、ほっこりゆでてつぶし、裏ごしする。塩とハチミツを加え混ぜ、味をつける。
②玄米粉に熱湯を少しずつ注ぎ(目安は1カップ)、こねて平らに丸める。蒸気の上がった蒸し器で20～30分ほど蒸し、すり鉢でよくついて2㎝くらいのだんごに丸める。しょうゆをつけ、火にかざして焼く。
③②の玄米だんごに、①のカボチャあんをまぶす。

リンゴやサツマイモも入って

# 玄米のふんわり甘煮

「これ、何だと思う？」「豆？　それともココナッツ？……」

玄米よと言うと、みんなビックリ。

自然な甘さで、ふんわりしっとりのデザートです。

リンゴやサツマイモが入って、ボリュームもアップ。

大地の恵みを堪能する、ほのぼの甘いおやつ

玄米はごはんにしても、炒っても、粉にしてもおいしく、さまざまなバリエーションが楽しめる

**◆材料・4人分**

玄米ごはん……茶碗1杯
リンゴ……1個
サツマイモ……1本
プルーン……5個
干しブドウ……20g
シナモン……少々
メープルシロップ……適宜

**◉つくり方**

①リンゴは4つ割りにし、薄切りに。サツマイモ、種をとったプルーンも薄切りにする。

②鍋に①のリンゴ、サツマイモ、プルーンと干しブドウ、玄米ごはんを入れ、½カップの水を加えて中火で加熱する。沸騰したら弱火にし、やわらかくなるまで煮る。

③シナモンをふりかけて器に盛り、メープルシロップをかける。

# 玄米の特徴と栄養バランス

■栄養豊富な完全食

玄米ごはんは、白米のごはんと比較すると、食物繊維で4倍、ビタミン$B_1$、ナイアシンは5倍、ビタミン$B_2$やカルシウムは2倍と豊富に含まれています。その土地、その時節にできたものを、できるかぎり完全な形で食べることが、生命を大切にする食養生の基本。ぬかと胚芽を含んだ生命力あふれる玄米を食べることが、理にかなっています。

■有害物質を外に出す働き

玄米は便秘や肥満を解消し、がんなどの生活習慣病と闘う力があります。

また、玄米のぬか部分は、農薬、ダイオキシン類などの有害物質を身体の外に排出する働きがあります。

# 消化吸収力を高める食べ方も

■「こわい飯」を食べやすく

食物繊維が多い分、かたく消化しにくい「こわい飯」であるため、食べにくいという人もいます。そんな場合は、水分を多めにして炊いたり、おかゆ（p34～）にしたり、スープ（p52～）にしたりすれば、格段に食べやすくなります。

また、玄米をこんがり炒って炊けば、香ばしく消化吸収もよくなります（p25）。玄米はキッチンなどで発芽させることができます。発芽玄米は通常の炊飯器でやわらかく炊け、消化もよく手軽です（p24）。

■塩をちょっとふって、深く味わう

玄米のうまさを味わうために、おかずなしで、塩やゴマ塩をちょっとふって、よく噛んで食べてみてください。おかずがたくさんあるときには気がつかなかった、深い味わいに驚かれることと思います。

栄養面でたいへんバランスがよい玄米は、「おかずいらず」といわれています。味覚の面でもしかりです。玄米食を、まずは朝食やお弁当の玄米おにぎりなどから始めると、おかずがあれこれいらない玄米のおいしさを実感できます。

# 玄米を購入するときに

## ■取り扱い店が増えて便利に

玄米は、最近ではお米屋さん、百貨店、スーパーなどで、比較的容易に入手できるようになりました。有機無農薬栽培の玄米を取り扱う所も増えています。生協、消費者グループなどでは宅配もしていますし、自然食品店、オーガニックマーケットなどでも手に入ります。わが家では、毎年決まった生産者から有機無農薬米の玄米を購入しています。

## ■有害物質を外に出す働き

玄米を食べるときに、農薬の害を気にされる方もいらっしゃいます。しかし、白米に比べて玄米のほうが心配ということはありません。

たとえば輸入小麦に使用されているポストハーベスト農薬は、小麦に直接ふりかけて使われます。そのため残留濃度も高く、危険性があるのですが、玄米の場合は栽培中に使われる農薬のみで、しかももみ殻はとりますから、心配は白米と変わらないのです。

また、玄米には農薬などの有害物質を身体の外に出す働きがあることは、先にも記しました。玄米食のよさに目を向けてください。農薬を使わずに栽培している生産者も増えていますから、できるだけ有機無農薬栽培の玄米を入手するとよいでしょう。

# 玄米と玄米ごはん、おかゆの保存

## ■玄米は乾燥した低温の場所へ

玄米を保管するには、乾燥した低温の場所が適しています。家で保管するときには、とくに夏場は涼しい場所に置きましょう。冷蔵庫を利用するのもよいでしょう。ニンニク、トウガラシなどを入れて虫を避け、また乾燥剤を入れることをおすすめします。

## ■おかゆはタッパーなどで冷凍を

玄米ごはんは適量ずつラップなどで包み冷蔵、または冷凍に。また、好みの大きさのおにぎりにして、ラップで包み、冷凍しておくのも便利です。凍ったままお弁当用に持っていき、お昼に食べることもできます。

冷凍、冷蔵したごはんは、電子レンジや蒸し器で温めてもいいですし、チャーハン、お茶漬け、おかゆ、雑炊などに使うことができます。

おかゆの場合は、1回分ずつタッパーなどの容器（電子レンジ使用可能なもの）に入れ、冷凍しておくとよいでしょう。電子レンジで温めれば、いつでも食べられますからとても便利です。

ごはん類は適量ずつラップなどで包む。おにぎりにして冷凍も便利

おかゆは電子レンジ使用可能な容器に入れて（容器の七分目以上は入れないように注意）、冷凍を

香ばしい玄米茶で至福のときを

●

玄米ごはんは噛めば噛むほど味わい深い

料理制作協力＝境野 彩、暮らし研究工房
デザイン＝ベイシックデザイン
（中島真子＋久保田和男）
撮影＝鈴木直人ほか
編集＝いわかみ麻織
校正＝中村真理

●著者プロフィール
**境野米子(さかいの こめこ)**
群馬県前橋市生まれ。千葉大学薬学部卒業後、東京都立衛生研究所にて食品添加物、残留農薬、重金属汚染などを研究。福島県に転居後、土に根ざした暮らし、自然にやさしい暮らしを願い、有機農業運動に深くかかわる。現在、生活評論家、薬剤師。築150年の萱葺き屋根の古民家を再生して住み、食・農・環境問題の研究を続けるかたわら、講演会、講習会などで自然食・穀菜食・伝統食の重要性をアピールしている。
著書に『おかゆ一杯の底力』、『一汁二菜』、『素肌にやさしい手づくり化粧品』、『病と闘う食事』、『病と闘うジュース』、『よく効く手づくり野草茶』(ともに創森社)ほか多数。

玄米食完全《げんまいしょくかんぜん》マニュアル

2003年6月15日　第1版発行
2015年9月24日　第3版発行

著　　者——境野米子《さかいのこめこ》
発 行 者——相場博也
発 行 所——株式会社 創森社
〒162-0805 東京都新宿区矢来町96-4
TEL 03-5228-2270　FAX 03-5228-2410
http://www.soshinsha-pub.com
振替 00160-7-770406
印刷製本——プリ・テック株式会社

 ISBN978－4－88340－153－6 C0077

## 〝食・農・環境・社会一般〟の本

創森社　〒162-0805 東京都新宿区矢来町96-4
TEL 03-5228-2270　FAX 03-5228-2410
http://www.soshinsha-pub.com
＊表示の本体価格に消費税が加わります

**農的小日本主義の勧め**
篠原 孝 著　四六判288頁1748円

**ミミズと土と有機農業**
中村好男 著　A5判128頁1600円

**炭やき教本～簡単窯から本格窯まで～**
恩方一村逸品研究所 編　A5判176頁2000円

**ブルーベリークッキング**
日本ブルーベリー協会 編　A5判164頁1524円

**家庭果樹ブルーベリー～育て方・楽しみ方～**
日本ブルーベリー協会 編　A5判148頁1429円

**エゴマ～つくり方・生かし方～**
日本エゴマの会 編　A5判132頁1600円

**農的循環社会への道**
篠原 孝 著　四六判328頁2000円

**炭焼紀行**
三宅 岳 著　A5判224頁2800円

**台所と農業をつなぐ**
大野和興 編　山形県長井市・レインボープラン推進協議会 著　1905円

**一汁二菜**
境野米子 著　A5判128頁1429円

**薪割り礼讃**
深澤 光 著　A5判216頁2381円

**ワインとミルクで地域おこし**
～岩手県葛巻町の挑戦～
鈴木重男 著　A5判176頁1905円

**すぐにできるオイル缶炭やき術**
溝口秀士 著　A5判112頁1238円

**病と闘う食事**
境野米子 著　A5判224頁1714円

**ブルーベリー百科Q&A**
ブルーベリー協会 編　A5判228頁1905円

**焚き火大全**
吉長成恭・関根秀樹・中川重年 編　A5判356頁2800円

**納豆主義の生き方**
斎藤茂太 著　四六判160頁1300円

**豆腐屋さんの豆腐料理**
山本久仁佳・山本成子 著　A5判96頁1300円

**スプラウトレシピ～発芽を食べる育てる～**
片岡芙佐子 著　A5判96頁1300円

**玄米食 完全マニュアル**
境野米子 著　A5判96頁1333円

**手づくり石窯BOOK**
中川重年 編　A5判152頁1500円

**豆屋さんの豆料理**
長谷部美野子 著　A5判112頁1300円

**雑穀つぶつぶスイート**
木幡 恵 著　A5判112頁1400円

**三太郎のゆうゆう炭焼塾**
炭焼三太郎 著　A5判176頁1600円

**不耕起でよみがえる**
岩澤信夫 著　A5判276頁2200円

**薪のある暮らし方**
深澤 光 著　A5判208頁2200円

**菜の花エコ革命**
藤井絢子・菜の花プロジェクトネットワーク 編著　四六判272頁1600円

**手づくりジャム・ジュース・デザート**
井上節子 著　A5判96頁1300円

**虫見板で豊かな田んぼへ**
宇根 豊 著　A5判180頁1400円

**すぐにできるドラム缶炭やき術**
杉浦銀治・広若剛士 監修　A5判132頁1300円

**竹炭・竹酢液 つくり方生かし方**
杉浦銀治ほか監修　A5判244頁1800円

**竹垣デザイン実例集**
古河 功 著　A4変型判160頁3800円

**タケ・ササ図鑑～種類・特徴・用途～**
内村悦三 著　B6判224頁2400円

**毎日おいしい 無発酵の雑穀パン**
木幡 恵 著　A5判112頁1400円

**里山保全の法制度・政策～循環型の社会システムをめざして～**
関東弁護士会連合会 編著　B5判552頁5600円

**自然農への道**
川口由一 編著　A5判228頁1905円

**素肌にやさしい手づくり化粧品**
境野米子 著　A5判128頁1400円

**土の生きものと農業**
中村好男 著　A5判108頁1609円

**ブルーベリー全書～品種・栽培・利用加工～**
日本ブルーベリー協会 編　A5判416頁2857円

**おいしい にんにく料理**
佐野 房 著　A5判96頁1300円

**竹・笹のある庭～観賞と植栽～**
柴田昌三 著　A4変型判160頁3800円

**薪割り紀行**
深澤 光 著　A5判208頁2200円